Il Libro di Kells

I: Ritratto di Cristo

Il Libro di Kells

una scelta di pagine riprodotte
con descrizione e note di
G. O. SIMMS
traduzione italiana di Fiorenzo Fantaccini

Colin Smythe
in collaborazione con la Biblioteca del
Trinity College di Dublino

E stampato nella Gran Bretagna per la Colin Smythe Limited,
Gerrards Cross, Buckinghamshire, Inghilterra

Pubblicato in collaborazione con la Biblioteca del Trinity College di Dublino

Grafica di Liam Miller

Illustrazioni riprodotte su licenza della Biblioteca del Trinity College di Dublino
Fotografie realizzate dalla Green Studio Limited

Prima edizione pubblicata da The Dolmen Press nel 1963
Prima edizione in Italiano publicata da Colin Smythe Limited nel 1994

British Library Cataloguing in Publication Data

Simms, George, 1910-199
Il libro di Kells
1. Book of Kells   2. Illumination of books and manuscripts, Celtic
1. Title   II. The Book of Kells.   Italian
091   ND3359.K4

ISBN 0-85105-506-0

Le illustrazioni

Bibliografia

THE BOOK OF KELLS: Edizione in facsimile (48 pagine a colori). Berna, Urs Graf-Verlag, 1950.

ZIMMERMAN, E. H.: *Vorkarolingische Miniaturen*. Berlino, 1916.

SULLIVAN, E.: *The Book of Kells*, V edizione. Londra, 1952.

ABBOTT, T. K.: *Celtic Ornaments in the Book of Kells*. Dublino e Londra, 1895.

ROBINSON, Stanford F. H.: *Celtic Illuminative Art in the Gospel Books of Durrow, Lindisfarne and Kells*. Dublino, 1908.

GWYNN, A.: "Some notes on the history of the Book of Kells." (*Irish Historical Studies*, vol. ix, n° 34, 1954.)

HENRY Francoise: *Irish Art during the Viking invasions: 800–1020 A.D.* Londra, 1967. (Il secondo dei tre volumi pubblicati da Methuen che la studiosa francese ha dedicato alla storia dell'arte irlandese.)

HENRY, Francoise: "The Book and its decoration, a study of the Manuscript" in *The Book of Kells*, riproduzioni dal manoscritto conservato nella Biblioteca del Trinity College di Dublino. Londra, Thames and Hudson, 1974.

POWELL, Roger: "The Book of Kells: The Book of Durrow. Comments on the Vellum, the Make-up and Other Aspects." (*Scriptorium*, x, 1956.)

O'SULLIVAN, William: "The Donor of the Book of Kells." (*Irish Historical Studies*, vol. xi, n° 41, 1958.)

Il Libro di Kells

Il Libro di Kells contiene i quattro Evangeli del Nuovo Testamento, Matteo, Marco, Luca e Giovanni, scritti in latino. Contiene, inoltre, delle prefazioni ai Vangeli, dei sommari (*breves causae*), delle tavole di riferimento numerico (*I Canoni Eusebiani*) (ILLUSTRAZIONE XVI), e parte di un glossario nel quale viene fornita l'interpretazione dei nomi propri ebraici.

Le carte (fogli) del libro, 340 in tutto, sono in velino o in una pergamena perfettamente lisci. Misurano 33 × 25 cm; probabilmente prima di essere rifilate misuravano 37 × 27 cm. Il libro è incompleto: mancano delle pagine sia all'inizio che alla fine.

La calligrafia è chiara, tondeggiante e ben disegnata, quasi fosse a stampa (ILLUSTRAZIONI II, III, XV). Questo tipo di maiuscola irlandese è più solenne rispetto alla grafia corsiva dei comuni manoscritti dello stesso periodo. Il Libro di Kells è un manoscritto sfarzoso, che è stato scritto e decorato riccamente per essere usato durante le funzioni pubbliche. L'inchiostro è di un colore marrone cupo, quasi nerastro, ma nelle prime pagine e alla fine del Vangelo di San Matteo sono stati usati alternativamente inchiostri di color rosso, blu notte e violetto. Ogni pagina conta generalmente diciassette righe (talvolta diciotto, più raramente sedici). Molte delle lettere ricordano da vicino la scrittura irlandese moderna; alcune sono curiosamente deformate e allungate in modo da riempire una riga o come raffinato finalino.

MATTHEUS

Oæssicutprimus po...

...cur inordine ꞏ:ꞏ

...iacuuangelium imiudia. primus scripsit cuis

uocatio adohin expupdicanis accubus fuit

II. Matteo, Argumentum

Le miniature

Se si escludono i fogli 29v e 30v, tutti gli altri sono miniati e trentuno di essi sono illustrati a tutta pagina. In genere la decorazione è limitata ai capilettera dei paragrafi o delle frasi (ILLUSTRAZIONE II), ai passi importanti dei Vangeli — come ad esempio la Genealogia di San Luca (ILLUSTRAZIONI IV, XVII), le Beatitudini e il celeberrimo brano del Giudizio in Matteo XXV — ed anche alle parentesi di forma rotondeggiante che raffigurano animali o figure umane, la cui funzione è indicare quando le parole o le sillabe che non entravano in una riga sono state poste nella riga sottostante o in quella precedente. Tra gli scribi irlandesi queste parentesi erano familiarmente note come "svolta del sentiero" o "capo sotto l'ala".

III: Matteo XXII

Ntrauit autem rex ut uideret
discumbentes & uidit ibi homi
nem nonuestitum ueste nuptiali &
ait illi amice quomodo huc intras
ti nonhabens uestem nuptialem
atille obmutuit Tunccoepit rex
ministris ligatis pedibus & manib;
& mitte te eum intenebras exteri
ores ibi erit fletus & stridor dentiu
multi autem sunt uocati pauci uero
electi
Tuncabeuntes pharissaei con
silium fecerunt utcaperent
eum insermone & mittunt ei dis
cipulos suos cumherodianis dicen
tes Magister scimus quiauerax es
& uiam dei inueritate doces &non

I colori utilizzati comprendono: il rosso vivo, il violetto rossastro, il verde smeraldo (malachite), il blu notte (lapislazzuli) e il giallo. Le decorazioni possono essere classificate in questo modo: *geometriche* (quelle che comprendono motivi circolari e il cosiddetto motivo a tromba: in quest'ultimo le spirali terminano a forma di tromba, come a pagina 29r); *zoomorfe* (a forma di animale); *fillomorfe* (a forma di foglia o che riproducono motivi decorativi simili a foglie) e *rappresentazioni antropomorfe.*

IV: Luca III, Genealogia

	fuit	zorim
	fuit	machat
	fuit	leui
	fuit	semeon ì
	fuit	iuda
	fuit	ioseph
	fuit	iona
	fuit	eliacin
	fuit	melcha
	fuit	menna
	fuit	machacha
	fuit	nathan
	fuit	dauid
	fuit	iesse
	fuit	obed
	fuit	boos
	fuit	salmon

Diversi artisti

É assai probabile che gli autori di queste miniature siano più di uno. Françoise Henry nel suo *Irish Art* propone quattro possibili artisti. A quello che la studiosa francese chiama "l'orafo" sono attribuite le seguenti miniature:

La croce a otto cerchi, 33r (ILLUSTRAZIONE V), un capolavoro per la sua decorazione elaborata e delicata al tempo stesso, nel quale l'artista utilizza efficacemente il colore e la lucentezza della pergamena. Vi si trovano spirali, volute, cerchi, dischi e punti, oltre a motivi a tromba e a chiave, in soluzioni decorative che non vengono mai ripetute. Esiste una teoria secondo la quale in questo stile ornamentale sono rintracciabili i simboli dei quattro elementi. Gli intrecci rappresenterebbero l'acqua e i serpenti la terra, gli uccelli sarebbero simbolo dell'aria, mentre il motivo a chiave raffigurerebbe il fuoco.

V: La croce a otto cerchi

La pagina del Chi Rho, 34r (ILLUSTRAZIONE VI).
Le lettere greche XPI sono un'abbreviazione di Cristo
(Matteo I, 18, "Or la nascita di Cristo avvenne a questo
modo"). Abbreviazioni di nomi sacri compaiono in
tutto il libro, ma è molto raro che ciò avvenga per altre
parole. E' un modo per sottolineare la dignità e la
sacralità dei nomi; IHS, ad esempio, sta per Jesus, SPS
SCS per Spiritus Sanctus (Spirito Santo), DS per Deus
(Dio) e DNS per Dominus (Signore). I particolari della
pagina del Chi Rho meritano uno studio accurato.
Nell'angolo inferiore sinistro si trova la famosa scena
nella quale dei gatti guardano due topi che rosicchiano
il pane benedetto del santuario, scena che probabilmente ricorda un episodio della vita del
monastero.

VI: La pagina del Chi Rho, Matteo I, 18

hGeneratio

Le pagine iniziali dei Vangeli secondo Matteo, Marco e Giovanni

Liber generationis. Sono le prime due parole del Vangelo secondo Matteo e sono miniate con intrecci complessi e delicati al tempo stesso. Si trovano alla carta 29r (Genealogia). É quasi certo che la figura dell'Evangelista sulla sinistra della pagina, che probabilmente rappresenta San Matteo, non facesse parte del disegno originale.

Le parole *Initium Euangelii* IHU XPI ("Principio dell'Evangelo di Gesù Cristo") formano l'inizio del Vangelo secondo Marco ed occupano un intero foglio miniato, il 130r (ILLUSTRAZIONE VII).

La pagina 292r, in cui compaiono le parole *In principio erat uerbum uerum* ("In principio era la vera [*sic*] Parola . . .", Giovanni I, 1), è miniata in uno stile simile.

VII: Marco I, 1. *Initium*

I ritratti

Francoise Henry sostiene che ad eseguire le tre figure degli Evangelisti, ognuna occupante un'intera pagina, sia stato un secondo artista al quale si riferisce chiamandolo "il Ritrattista".

San Matteo, 28v.

San Giovanni, 291v, con la testa circondata da una grande aureola e con in mano un calamo (ILLUSTRAZIONE VIII).

Ritratto di Cristo, 32v (ILLUSTRAZIONE I). La testa è sormontata da una croce. Due pavoni, uno ad ogni lato del capo, sono posati su dei vitigni che spuntano da vasi a forma di calice. Lo stile dei capelli e la carnagione scura sono caratteristiche tipiche dell'iconografia celtica.

Anche le pagine sulle quali compaiono i quattro simboli tradizionali degli Evangelisti in tutte le loro varianti, sono attributite al "Ritrattista": 27v, 129v, 290v. (Per il primo di questi, si veda l'ILLUSTRAZIONE IX). San Matteo è rappresentato da un uomo o da un angelo per la sua interpretazione della natura umana di Cristo; il leone simboleggia San Marco perché ne sottolinea la dignità reale; il bue rappresenta San Luca che testimonia della vocazione e del sacrificio di Cristo; infine l'aquila, simbolo di San Giovanni che "s'innalza al cielo".

Allo stesso artista è attribuita la "Pagina del Quoniam", la prima del Vangelo secondo Luca, 188r.

VIII: Ritratto di San Giovanni

Scene dal Vangelo

Un altro artista viene detto "l'Illustratore". Le miniature a lui attribuite raffigurano alcune celebri scene della vita di Nostro Signore:

La Vergine e il bambino, mostra figure convenzionali, rigide, che mancano di forma a causa di una certa grossolanità del disegno, 7v. (ILLUSTRAZIONE X).

La tentazione, mostra Nostro Signore con in mano una pergamena arrotolata, sopra al tetto del Tempio e in presenza del demonio, 202v. (ILLUSTRAZIONE XII).

L'arresto. Le figure del Cristo e dei due personaggi che Lo fanno prigioniero sono di un'intensità profonda ma hanno al contempo un che di grottesco. Il motivo dei trifogli intrecciati indica la presenza divina e i cani ringhianti che Gli si avvicinano sottolineano la tragedia che si approssima, 114r. (ILLUSTRAZIONE XI).

nella pagina seguente

IX: I simboli degli Evangelisti
X: La Vergine e il bambino
XI: Matteo XXVI, 30. L'arresto di Cristo

Le parole della pagina *Tunc crucifixerant*, 124r
(Matteo XXVII, 38) sono contenute all'interno di una
croce di Sant'Andrea: *tunc crucifixerant XPI cum eo
duos latrones* ("Allora furon con Lui crocifissi due
ladroni"). La parola XPI è un pleonasma e può darsi
che sia stata inserita per spiegare il pronome "Lui". Nel
Libro di Kells non è presente la scena della crocifissione,
ma il fatto che la pagina seguente sia bianca può
indicare che essa fosse in progetto, 123v. (Un piccolo
gruppo di spettatori sul margine sinistro della pagina
del *Tunc crucifixerant* ha lo sguardo rivolto verso la
pagina bianca: probabilmente nell'intenzione dell'artista
essi dovevano rappresentare i testimoni della
crocifissione.)

Nelle scene di vita quotidiana, disseminate in tutto
il manoscritto e che danno al Libro di Kells un fascino
particolarissimo, è possibile, infine, rintracciare un
quarto stile. Potrebbe essere compilata una lista
dettagliata di animali, selvatici e domestici, pesci e
figure umane. La sola illustrazione VI comprende gatti,
topi, una lontra, un pesce e una falena. Le lettere iniziali
sono ingegnosamente formate da animali in lotta, figure
umane contorte, pesci e creature che rassomigliano a
lucertole (ILLUSTRAZIONI III, XIII, XV).

XII: La tentazione
XIII: Luca XIII, 6. Particolare della lettera iniziale: *Di
nella pagina seguente* XIV: Matteo XXVII, 38. *Tunc
Crucifixerant*
XV: *Luca XVI, 13–14*

CUM CRO
NASCEBANT
XPI & EDA
DNA TRONES

Qui in modico iniquus est et in maio
ri iniquus est si ergo in iniquo mammo
ne fideles non fuistis quod uestrum est
quis credo uobis et si in alieno fide
les non fuistis quod uestrum est quis dabit uo
bis

Nemo seruus potest duobus do
minis seruire aut enim unum odie
et alterum diliget aut uni adherebit
aut uerin contempnit non potestis do seruire
et mammone

Audiebant haec omnia farisaei qui
erant auari et deridebant illum
et ait illis uos estis qui iustificatis
uos coram hominib: ds autem nouit
corda uestra quia quod hominib: al
tum est abominatio est · ante dm:

et prophetae · usque ad iohan
nem ex eo regnum di euangeli

Arte orientale

É necessario sottolineare la varietà e la bellezza delle prime pagine del libro, note come Canoni Eusebiani, che contengono le concordanze tra i quattro Vangeli e permettono di riconoscere i passi corrispondenti. Le tavole sono collocate in una cornice che riproduce l'architettura bizantina con colonne, capitelli, basi e timpani finemente decorati. I simboli dei quattro Evangelisti, così frequenti nel Libro, sono davvero belli e originali (ILLUSTRAZIONE IX).

É stato scritto molto sulle diverse influenze che possono essere individuate negli stili presenti nel Libro. La natura casuale della decorazione, la spontaneità e perfino il movimento dei serpenti intrecciati e degli animali che lottano, le incongruenze umoristiche, sono tutte caratteristiche dell'arte celtica. Tuttavia, allo stesso tempo, se esaminati con una lente d'ingrandimento, la precisione e l'accuratezza dei dettagliatissimi motivi ornamentali appaiono straordinari. E' possibile rintracciare influenze orientali, in particolar modo egiziane, nei tratti, nei colori e nei capelli dei soggetti rappresentati. Francoise Henry è dell'opinione che la ricchezza dell'ornamentazione animale sia dovuta al contatto con pittori della Gallia.

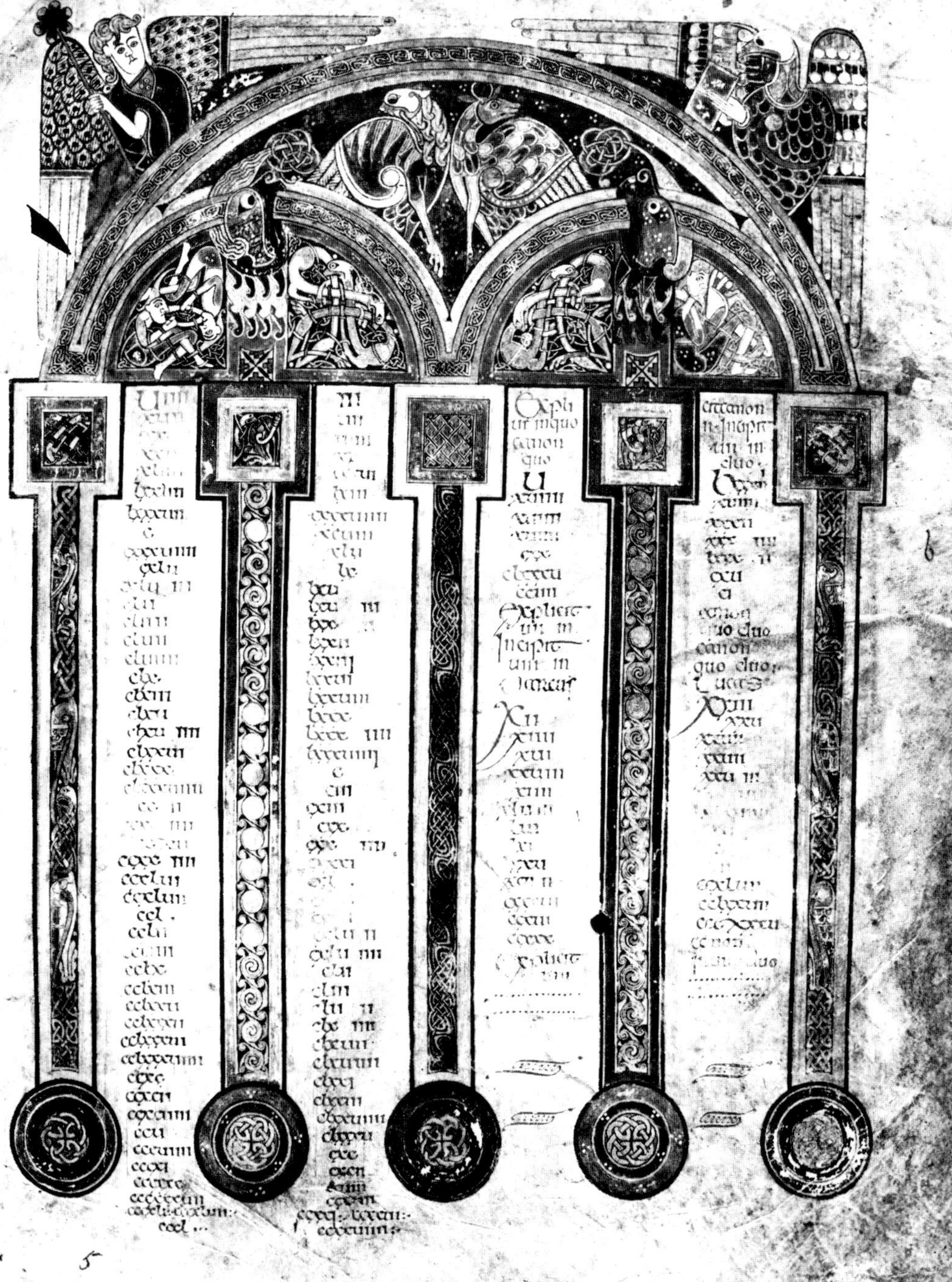

La datazione

É difficile determinare la data esatta della composizione del Libro. In genere si pensa che risalga all'ottavo o all'inizio del nono secolo d.c. Alcuni studiosi ritengono che invece sia databile al settimo secolo. La prova più importante è data dallo stile della scrittura. Lo stesso testo, il Codex Q, è quello della Vulgata interpolata da lezioni della versione latina preesistente. Come era usanza nei manoscritti irlandesi, le spiegazioni delle parole venivano poste nel testo e formano dei gruppi di note (come ad esempio in Matteo VIII, 20 e IX, 32). Alcune illustrazioni forniscono ulteriori elementi di prova per la datazione, come ad esempio la miniatura nel foglio 200r, che raffigura un guerriero con uno scudo circolare usato nell'isola prima dell'arrivo dei Vichinghi (ILLUSTRAZIONE XVII).

Secondo la tradizione l'opera fu iniziata a Iona e terminata nell'Abbazia di Kells, nella contea di Meath, a circa quaranta miglia a nord-ovest di Dublino, da membri della comunità di San Colombano che vi trovarono rifugio dopo l'invasione vichinga di Iona. É noto che l'Abbazia di Kells fu ricostruita nell' 804 d.C. dopo un incendio, e che Cellach, l'Abate di Iona, si rifugiò a Kells tra l' 806 e l' 813 d.C.

XVII: Dettaglio di un guerriero nella Genealogia di San Luca

É probabile che lo scolorimento e le condizioni non troppo buone del Libro siano dovuti all'incidente che è riportato negli Annali dell'Ulster alla data 1006 d.C.: "Il grande Vangelo di Colum Cille è stato rubato una notte dall'Erdomh (sacrestia) occidentale della grande Chiesa di Ceannanus. Era questa la più importante reliquia del mondo occidentale per via della sua singolare custodia; fu ritrovato dopo venti notti e due mesi senza più l'oro che la rivestiva e con sopra una zolla." (Dalla traduzione inglese di J. O'Donovan).

Nelle pagine bianche e sui margini del Libro si trovano sette documenti scritti in irlandese riguardanti le proprietà concesse all'Abbazia di Kells. Alcuni risalgono all'undicesimo secolo e dimostrano che gli antichi irlandesi mettevano per iscritto i loro contratti ancor prima dell'invasione anglo-normanna. Per ragioni di sicurezza spesso tali documenti venivano conservati nei testi sacri dei monasteri.

Dopo che, alla fine del dodicesimo secolo, l'ordine di San Colombano fu sciolto, il Libro venne conservato nella Chiesa parrocchiale di Kells, e sul foglio 334v. esiste prova che James Ussher, quando venne eletto vescovo di Meath, esaminò il Libro e il 24 agosto 1621 ne contò le pagine. Durante l'occupazione cromwelliana, per ragioni di sicurezza, il Libro fu trasferito a Dublino, ed è assai probabile che sia stato donato alla Biblioteca del Trinity College da Henry Jones, vescovo di Meath (1661–1682), il donatore del Libro di Durrow. Nel 1950 venne realizzato un facsimile in due volumi, con un terzo volume d'introduzione nel quale si possono reperire moltissime informazioni supplementari. Nel 1953 il Libro di Kells venne restaurato da Roger Powell che approntò una nuova sistemazione in quattro volumi rilegati.